AF359280

DE LA MODE

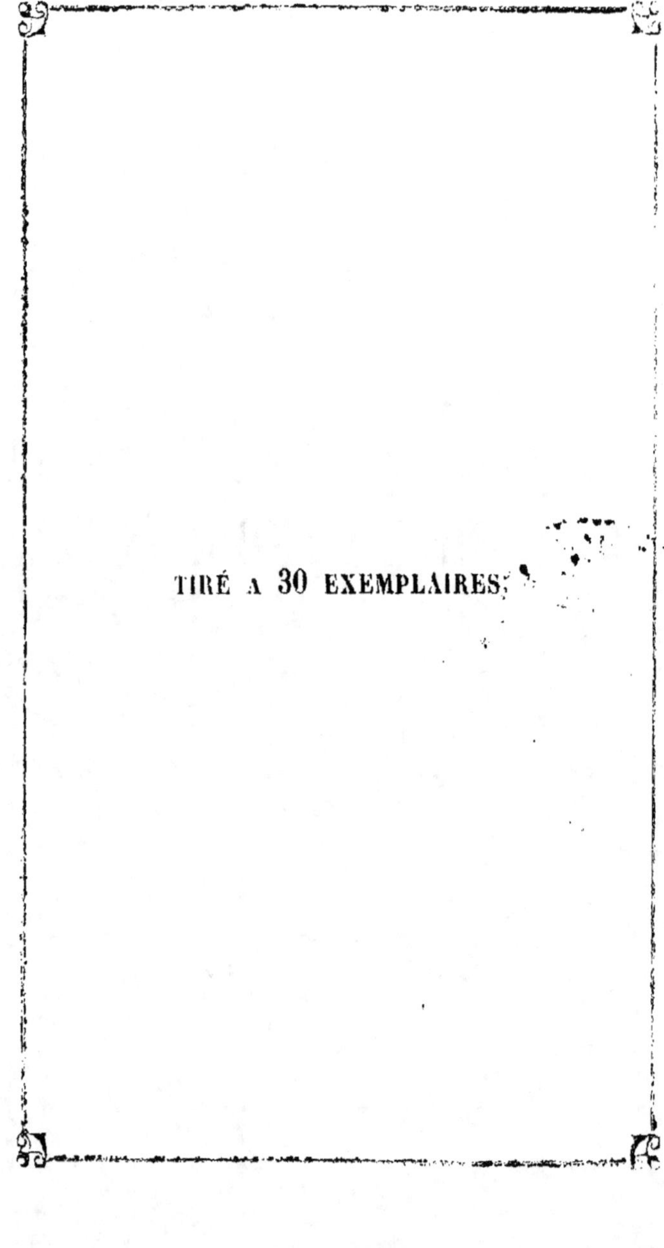

TIRÉ A **30** EXEMPLAIRES;

DE

LA MODE

PAR

THÉOPHILE GAUTIER

PARIS

POULET-MALASSIS ET DE BROISE

9, rue des Beaux-Arts

1858

DE LA MODE

Pourquoi l'art du vêtement est-il abandonné tout entier au caprice des tailleurs et des couturières, dans une civilisation où l'habit est d'une grande importance, puisque, par suite des idées morales et du climat, le nu n'y paraît jamais? Le vêtement, à l'époque moderne, est devenu pour l'homme une sorte de peau dont il ne se sépare sous aucun prétexte et qui lui adhère comme le pelage à l'animal, à ce point que la forme réelle du corps est de nos jours tout à fait tombée en oubli. Toute personne un peu liée avec des peintres, et que le hasard a fait entrer dans l'atelier à l'heure de la pose, a éprouvé, sans trop s'en rendre compte, une surprise mêlée d'un léger dégoût, à l'aspect de la bête inconnue, du batracien mâle ou femelle posé sur la table. Certes une espèce inédite, rapportée récemment de l'Australie centrale, n'est pas plus imprévue et plus neuve, au point de vue zoologique, et, vraiment, une cage du Jardin des Plantes devrait être réservée à deux individus de l'un et de l'autre sexe appartenant au genre *homo*, et dépouillés de leur peau factice. Ils y seraient regardés avec autant de curiosité que la girafe, l'hémione, le tapir, l'ornithorhyn-que, le gorille, ou la sarigue.

Sans les admirables restes de la

statuaire antique, la tradition de la forme humaine serait entièrement perdue. C'est en consultant ces marbres et ces bronzes, ou les plâtres moulés sur eux, et en les comparant au modèle nu, que les artistes parviennent à reconstituer péniblement l'être idéal qu'on voit dans les sculptures, les bas-reliefs et les tableaux. Quel rapport existe-t-il entre ces figures abstraites et les spectateurs habillés qui les regardent? Les croirait-on de la même race? En aucune manière.

Nous regretterons éternellement
le *nu*, qui est le principe même de
l'art, puisque l'homme ne peut con-
cevoir de forme plus parfaite que la
sienne, pétrie à l'image de Dieu. Le
nu, qui était *naturel* sous le divin
climat de la Grèce, dans la jeunesse
de l'humanité, lorsque la poésie et
les arts s'épanouissaient comme les
fleurs d'un printemps intellectuel, a
fait Phidias, Lysippe, Cléomène,
Agasias, Agésandre, Apelle, Zeuxis,
Polygnote, comme plus tard il a
produit Michel-Ange et les mer-

veilleux artistes de la Renaissance (sous le nom de *nu* nous comprenons la draperie, son complément obligé, comme l'harmonie est le complément de la mélodie); mais déjà le nu n'était plus qu'une convention; l'habit était la visible forme de l'homme.

Statuaires et peintres se plaignent de cet état de choses qu'ils pourraient, non pas changer, mais modifier à leur avantage. Le costume moderne les empêche, disent-ils, de faire des chefs-d'œuvre ; à les entendre, c'est la faute des habits noirs, des paletots et des crinolines, s'ils ne sont pas des Titien, des van Dyck, des Velasquez. Cependant ces grands hommes ont peint leurs contemporains dans des costumes qui laissaient aussi peu paraître le nu que les nôtres, et qui, parfois élégants, étaient souvent disgracieux ou bizarres. Notre costume est-il d'ailleurs si laid qu'on le prétend? N'a-t-il pas sa signification, peu comprise malheureusement des artistes, tout imbus d'idées antiques? Par sa coupe simple et sa teinte

neutre, il donne beaucoup de valeur
à la tête, siége de l'intelligence, et
aux mains, outils de la pensée ou
signe de la race ; il maintient le
corps à son plan et indique les sa-
crifices nécessaires à l'effet. Supposez
Rembrandt face à face avec un homme
de nos jours, en habit noir ; il con-
centrera la lumière prise d'un peu
haut sur le front, éclairera une joue,
baignera l'autre d'une ombre chaude,
fera pétiller quelque poils de la
moustache et de la barbe, frottera
l'habit d'un noir riche et sourd, pla-

quera sur le linge une large touche de blanc paillé, piquera deux ou trois points brillants sur la chaîne de montre, enlevera le tout d'un fond grisâtre, glacé de bitume. Cela fait, vous trouverez le frac du Parisien aussi beau, aussi caractéristique que le justaucorps ou le pourpoint d'un bourgmestre hollandais. Si vous préférez le dessin à la couleur, voyez le portrait de M. Bertin par M. Ingres. Les plis de la redingote et du pantalon ne sont-ils pas fermes, nobles et purs comme les plis d'une

chlamyde ou d'une toge? Le corps
ne vit-il pas sous son vêtement pro-
saïque comme celui d'une statue
sous sa draperie?

La beauté et la force ne sont plus
les caractères typiques de l'homme à
notre époque. Antinoüs serait ridi-
cule aujourd'hui. Le moindre cric
fait la besogne musculaire d'Alcide.
On ne doit donc pas orner ce qui
n'a pas d'importance réelle ; il s'agit
seulement d'éviter la lourdeur, la
vulgarité, l'inélégance, et de cacher
le corps sous une enveloppe ni trop

large, ni trop juste, n'accusant pas précisément les contours, la même pour tous, à peu de chose près, comme un domino de bal masqué. Point d'or, ni de broderies, ni de tons voyants; rien de théâtral : il faut qu'on sente qu'un homme est bien mis, sans se rappeler plus tard aucun détail de son vêtement. La finesse du drap, la perfection de la coupe, le fini de la façon, et surtout le bien-porté de tout cela constituent la *distinction*. Ces nuances échappent aux artistes, du moins au

plus grand nombre, amoureux des
couleurs vives, des plis abondants,
des draperies à cassures miroitantes,
des torses aux pectoraux bien divisés,
des bras aux biceps en relief. Ils re-
grettent que quelque jeune élégant
n'ait pas le caprice d'une toque à
plume et d'un manteau écarlate ; et
ils s'étonnent de la persistance des
gens du monde à garder ce costume si
triste, si éteint, si monotone. C'est
comme si l'on demandait pourquoi à
Venise toutes les gondoles sont noires.

Cependant rien n'est plus facile à

distinguer dans l'uniformité appa-
rente que la gondole du patricien de
la gondole du bourgeois.

Mais, par exemple, si les artistes sont fondés en raison lorsqu'ils
réclament contre le costume des
hommes, dont ils laissent l'invention
aux tailleurs au lieu de le dessiner
eux-mêmes, ils n'ont aucune objection
plausible à élever contre le costume
des femmes. S'ils allaient plus souvent dans le monde et voulaient se
dépouiller de leurs préjugés d'atelier
pendant une soirée, ils verraient que

les toilettes de bal ont de quoi sa-
tisfaire les plus difficiles, et que le
peintre qui les traiterait d'une façon
historique, en y appliquant le style,
sans cesser pour cela d'être exact,
arriverait à des effets de beauté,
d'élégance et de couleur dont on
serait étonné. Il faut toute la force
de la fausse éducation classique pour
n'être pas frappé de l'aspect charmant
que présentent une sortie d'Opéra,
un cercle de femmes assises dans
un salon, ou causant debout près
d'une console ou d'une cheminée.

Jamais peut-être on ne s'est mieux coiffé : les cheveux sont ondés, crépelés, nattés, relevés en ailes, rejetés en arrière, tordus en câble, avec un art vraiment merveilleux. Le peigne parisien vaut le ciseau grec, et les cheveux obéissent plus docilement que le marbre de Paros ou du Pentélique. Regardez ces beaux bandeaux noirs, décrivant leurs lignes pures sur un front pâle, et pressés comme par un diadème, par une torsade, qui part du chignon et s'y rattache ; cette couronne blonde, où semble palpiter la brise amoureuse, et qui forme comme une auréole d'or à une tête blanche et rose! Voyez avec quel goût se massent sur la nuque ces nœuds, ces boucles, ces tresses enroulées sur elles-mêmes comme une corne d'Ammon, ou comme une volute de chapiteau ionien! Un sculpteur athénien, un peintre de la Renaissance, les disposeraient-ils avec plus de grâce, d'ingéniosité et de style? — Nous ne le croyons pas.

Nous n'avons parlé jusqu'ici que

de l'arrangement même des cheveux,
que serait-ce si nous arrivions aux
coiffures proprement dites; nous
défions l'art d'inventer mieux. Tantôt
ce sont des fleurs où tremblent des
gouttes de rosée, ouvrant leurs pé-
tales parmi des feuillages glauques,
roux ou verts; tantôt de souples
brindilles qui descendent négligem-
ment sur les épaules; ou bien des
sequins, des résilles de perles, des
étoiles en diamant, des épingles à
boules de filigrane ou constellées de
turquoises, des bandelettes d'or nat-

tées avec les cheveux, des plumes légères comme des vapeurs colorées, comme des arcs-en-ciel, des nœuds de rubans chiffonnés et feuillus comme des cœurs de rose, des lacis de velours, des gazillons lamés d'or et d'argent dont chaque cassure papillote aux lumières, des échevaux de corail rose, des grappes d'améthyste, des groseilles de rubis, des papillons de pierres précieuses, des bulles de verre au reflet métallique, des élytres de buprestes, tout ce que la fantaisie peut rêver de plus frais, de plus

coquet, de plus brillant, et tout cela
sans surcharge, sans excès, sans en-
tassement grotesque, sans luxe ri-
dicule, bien en harmonie avec l'air
du visage et les proportions de la
tête; la Vénus de Milo, si elle re-
trouvait ses bras et si une femme
du monde voulait lui prêter un cor-
sage, pourrait aller en soirée coiffée
comme elle est. Quel éloge pour la
mode de notre temps !

Mais la crinoline, allez-vous dire;
les jupes cerclées, les robes à res-
sorts qu'on fait raccommoder comme

des montres par l'horloger lorsqu'elles se détraquent, n'est-ce pas hideux, sauvage, abominable, contraire à l'art? Nous ne sommes pas de cet avis : les femmes ont raison qui maintiennent la crinoline malgré les plaisanteries, les caricatures, les vaudevilles et les avanies de toute sorte.

Elles font bien de préférer ces jupes amples, étoffées, puissantes, largement étalées à l'œil, aux étroits fourreaux où s'engainaient leurs grand'-mères et leurs mères. De cette abondance de plis, qui vont s'évasant comme la fustanelle d'un derviche tourneur, la taille sort élégante et mince; le haut du corps se détache avantageusement, toute la personne pyramide d'une manière gracieuse. Cette masse de riches étoffes fait comme un piédestal au buste et à la tête, seules parties importantes, maintenant que la nudité n'est plus admise. — Si l'on nous permettait un rapprochement mythologique dans une question si moderne, nous dirions qu'une femme

en toilette de bal se conforme à l'an-
cienne étiquette olympienne. Les
dieux supérieurs, en représentation,
avaient le torse nu ; des draperies à
plis nombreux les enveloppaient des
hanches aux pieds. C'est pour cela
qu'on doit, quand on s'habille, se
découvrir la poitrine, les épaules et
les bras. La même mode se trouve
à Java, où l'on ne peut se présenter
à la cour que nu jusqu'à la ceinture.

Erudition et plaisanterie à part,
une jeune femme décolletée, les bras
découverts, coiffée comme nous

l'avons dit et traînant après elle des flots de moire antique, de satin ou de taffetas, avec ses doubles jupes ou ses volants multiples, nous semble aussi belle et aussi bien costumée que possible, et nous ne voyons pas trop ce que l'art aurait à lui reprocher. Par malheur, il n'y a pas de peintres contemporains ; ceux qui paraissent vivre de notre temps appartiennent à des époques disparues. L'antiquité mal comprise les empéche de sentir le présent. Ils ont une forme de beau préconçue, et l'idéal moderne est lettre close pour eux.

Une objection plus sérieuse serait celle de l'incompatibilité de la crinoline avec l'architecture et l'ameublement modernes. Lorsque les femmes portaient des paniers, les salons étaient vastes, les portes s'ouvraient à deux larges battants, les fauteuils écartaient leurs bras, les carosses admettaient aisément cette envergure de jupes ; les loges de théâtre ne ressemblaient pas à des tiroirs de commode. Eh bien ! l'on fera des salons plus grands, on changera la forme des meubles et des voitures, on démolira les théâtres ! La belle affaire ! car les femmes ne renonceront pas plus à la crinoline qu'à la poudre de riz, — autre thème de déclamation banale que ne devrait varier aucun artiste.

Avec le rare sentiment d'harmonie qui les caractérise, les femmes ont compris qu'il y avait une sorte de dissonance entre la grande toilette et la figure *naturelle*. De même que les peintres habiles établissent l'ac-

cord des chairs et des draperies par
des glacis légers, les femmes blan-
chissent leur peau, qui paraîtrait
bise à côté des moires, des dentelles,
des satins, et lui donnent une unité
de ton préférable à ces martelages
de blanc, de jaune et de rose qu'of-
frent les teints les plus purs. Au
moyen de cette fine poussière, elles
font prendre à leur épiderme un
mica de marbre, et ôtent à leur teint
cette santé rougeaude qui est une
grossièreté dans notre civilisation,
car elle suppose la prédominence

des appétits physiques sur les ins-
tincts intellectuels. Peut-être même
un vague frisson de pudeur engage-
t-il les femmes à poser sur leur col,
leurs épaules, leur sein et leurs bras
ce léger voile de poussière blanche
qui atténue la nudité en lui retirant
les chaudes et provocantes couleurs
de la vie. La forme se rapproche
ainsi de la statuaire; elle se spiri-
tualise et se purifie. Parlerons-nous
du noir des yeux, tant blâmé aussi :
ces traits marqués allongent les pau-
pières, dessinent l'arc des sourcils,

augmentent l'éclat des yeux, et sont comme les coups de force que les maîtres donnent aux chefs-d'œuvre qu'ils finissent. La mode a raison sur tous les points.

Qu'un grand peintre comme Véronèse peigne l'escalier de l'Opéra ou le vestibule des Italiens, quand les duchesses du monde ou du demi-monde attendent leurs voitures, drapées de burnous blancs, de cabans rayés, de camails d'hermine, de sorties de bal capitonnées et bordées de cygne, d'étoffes merveilleuses de tous les pays ; la tête étoilée de fleurs et de diamants, le bout du gant posé sur la manche du cavalier, dans toute l'insolence de leur beauté, de leur jeunesse et de leur luxe, et vous verrez si, devant son tableau, on parlera de la pauvreté de notre costume !

—

ALENÇON

Typ. de Poulet-Malassis et De Broise.